Santa Luzia

Novena e biografia

J. Alves

Santa Luzia

Novena e biografia

Paulinas

Citações bíblicas: *Bíblia Sagrada* – tradução da CNBB, 2ª ed., 2002.

Editora responsável: *Celina Weschenfelder*
Equipe editorial

6ª edição – 2011
9ª reimpressão – 2025

Cadastre-se e receba nossas informações
paulinas.com.br
Telemarketing e SAC: 0800-7010081

Paulinas
Rua Dona Inácia Uchoa, 62
04110-020 – São Paulo – SP (Brasil)
(11) 2125-3500
editora@paulinas.com.br

Introdução

No dia 13 de dezembro, comemora-se o dia da virgem e mártir Santa Luzia de Siracusa. A devoção a esta santa é antiga na Igreja, conforme uma inscrição descoberta no cemitério de São João, em Siracusa, na Itália, datada do final século IV, cem anos após a sua morte. Tal inscrição, uma homenagem feita a uma mulher, Euskia, por seu marido, revela que esta havia sido uma esposa irrepreensível, bondosa e pura, e que falecera na Festa de Santa Luzia... Em grego, "Euskia" significa "lugar obscuro", e "Luzia", ao contrário, "lugar de luz", o que nos indica que desde o começo fora cultuada como portadora de luz e protetora dos olhos.

Seu nome sempre esteve ligado ao de Santa Águeda (239 d.C.), de quem fora fiel devota, dela alcançando a cura de sua mãe. Assim, já em 384 d.C., foi dedicada a Santa Luzia e a Santa Águeda uma igreja em Ravena. Entretanto, o grande propagador do culto a Santa Luzia e a Santa Águeda foi o Papa Gregório Magno (540-604 d.C.), que inseriu seus nomes no cânon cotidiano da missa. Assim, ao findar o século VII, com a inclusão da missa em memória destas santas nos missais e livros litúrgicos, a devoção a elas difundiu-se por toda a Igreja latina.

No Brasil, temos notícia de que na antiga Fazenda de Santa Luzia, que deu origem à cidade de Mossoró, no Rio Grande do Norte, fora construída, em 1773, uma capela em honra de Santa Luzia, como agradecimento às graças recebidas. Hoje, a Catedral de Mossoró ocupa o lugar da antiga capela e a Festa de Santa Luzia é um dos principais eventos religiosos da cidade, reunindo milhares de devotos.

Esta novena é um convite para conhecermos a mulher que, cheia de coragem e caminhando na luz da fé, arriscou "perder" sua vida por Jesus em uma época na qual era um perigo constante ser cristão. Que Santa Luzia nos ajude a enxergar a vida serena e acolhedoramente para que possamos descobrir o que realmente conta em nossas vidas: testemunhar que Deus é amor.

PRIMEIRO DIA

Santa Luzia: Deus é a luz da história

Oração

Nós vos louvamos e vos agradecemos, ó Pai, Deus eterno e Todo-Poderoso, Criador do céu e da terra, pois nos enviastes Jesus Cristo, vosso Filho, único Senhor e Mestre. Nós vos bendizemos; que vossa serva, virgem e mártir Santa Luzia, nos ajude a descobrir a grandeza e a profundidade do vosso mistério de amor e compaixão divina: pelo Espírito Santo, podemos clamar, no mais profundo de nossos corações, a todo momento, "Pai! Pai! Pai!", na certeza de que em Jesus somos ouvidos e atendidos em sua misericórdia. Amém. *(Momento de silêncio para colocar as intenções pessoais, familiares e comunitárias.)*

Conhecendo Santa Luzia

Desde os primeiros séculos do cristianismo, Santa Luzia é invocada para curar as doenças dos olhos, que são as janelas por onde a luz penetra nosso ser, permitindo que contemplemos a beleza das coisas e acolhamos, pelo olhar, nossos semelhantes. Ela é invocada não apenas contra a cegueira física, mas também contra a cegueira que nos impede de "enxergar" que Deus é nossa luz e a vida só vale a pena quando se torna um ato de amor total a ele e ao próximo.

Leitura bíblica

"No princípio era a Palavra, e a Palavra estava junto de Deus, e a Palavra era Deus. Ela existia, no princípio, junto de Deus. Tudo foi feito por meio dela, e sem ela nada foi feito de tudo o que existe. Nela estava a vida, e a vida era a luz dos homens. E a luz brilha nas trevas, e as trevas não conseguiram dominá-la" (Jo 1,1-5).

Oração final

Ó Santa Luzia, que preferistes deixar que vossos olhos fossem vazados e arrancados antes de negar a fé; e Deus, com um extraordinário milagre, a vós devolveu outros dois olhos sãos e perfeitos para recompensar vossa virtude e vossa fé e vos constituiu protetora contra as doenças dos olhos; eu recorro a vós para que protejais minhas vistas e cureis a doença de meus olhos *(fazer o pedido)*. Ó Santa Luzia, conservai a luz dos meus olhos para que eu possa ver as belezas da Criação, o brilho do sol, o colorido das flores, o sorriso das crianças. Conservai também os olhos de minha fé, pela qual eu posso conhecer o meu Deus, compreender seus ensinamentos e reconhecer seu amor para comigo. Santa Luzia, protegei meus olhos e conservai minha fé. Amém.

Pai-Nosso, Ave-Maria, Glória-ao-Pai.

SEGUNDO DIA

Santa Luzia: festa do amor

Oração

Ó Deus, cheio de ternura e misericórdia, que o exemplo de Santa Luzia nos ajude a formar uma grande família, unida em uma só fé e em um só sentimento. Que possamos buscar forças e coragem na mesa da Eucaristia, em que somos "vistos" e acolhidos como irmãos em Cristo e curados das nossas cegueiras espirituais. Que os nossos olhos se abram à fraternidade, à justiça e à verdade. Que o mesmo Deus que agiu com poder em seus mártires possa também agir em nossos corações que buscam a retidão de vida. *(Momento de silêncio para colocar as intenções pessoais, familiares e comunitárias.)*

Conhecendo Santa Luzia

Os cristãos se reuniam aos domingos nas catacumbas e, com alegria, rezavam e celebravam sobre os túmulos dos mártires. Era a festa do amor em torno da mesa da Eucaristia, em que se acolhiam mutuamente, sem darem importância à classe social um do outro, rememorando, como os primeiros apóstolos, a ressurreição do Senhor e a memória gloriosa dos que ali estavam enterrados.

Sem violência, desafiavam os editos imperiais que ordenavam o confisco de bens, a deportação de seus líderes, a queima de seus livros sagrados, a mutilação de seus corpos e a morte pelas feras, pois os cristãos eram considerados inimigos dos imperadores romanos.

Luzia, ainda menina, animada pelo exemplo de Santa Águeda, declarou-se publicamente cristã e enfrentou com muita coragem ameaças e torturas, provocando agitação naqueles que tentavam forçá-la a oferecer sacrifícios aos deuses e se ajoelhar diante do imperador. Com a própria vida mostrou que o Evangelho era mais forte que a força bruta, e que esta pode abater os corpos, mas não as consciências.

Leitura bíblica

"A multidão dos fiéis era um só coração e uma só alma. Ninguém considerava suas as coisas que possuía, mas tudo entre eles era posto em comum" (At 4,32).

Oração final

Ó Santa Luzia, que preferistes deixar que vossos olhos fossem vazados e arrancados antes de negar a fé; e Deus, com um extraordinário milagre, a vós devolveu outros dois olhos sãos e perfeitos para recompensar vossa virtude e vossa fé e vos constituiu protetora contra as doenças dos olhos; eu recorro a vós para que protejais minhas vistas e cureis a doença de meus olhos *(fazer o pedido)*. Ó Santa Luzia, conservai a luz dos meus olhos para que eu possa ver as belezas da Criação, o brilho do sol, o colorido das flores, o sorriso das crianças. Conservai também os olhos de minha fé, pela qual eu posso conhecer o meu Deus, compreender seus ensinamentos e reconhecer seu amor para comigo. Santa Luzia, protegei meus olhos e conservai minha fé. Amém.

Pai-Nosso, Ave-Maria, Glória-ao-Pai.

TERCEIRO DIA

Santa Luzia: a fé que salva e cura

Oração

Ó Santa Luzia, que pela vossa veneração a Santa Águeda e vossa fervorosa fé em Deus, vossa mãe, Eutíquia, foi curada, intercedei por nós junto a Deus, para que também sejamos socorridos nas necessidades e curados em nosso desamor e falta de generosidade. Vós que soubestes, por revelação divina, que receberíeis a coroa do martírio, dai-nos a graça de assumir com alegria os desafios como uma resposta de fé e de esperança. *(Momento de silêncio para colocar as intenções pessoais, familiares e comunitárias.)*

Conhecendo Santa Luzia

Santa Luzia foi martirizada durante a perseguição de Diocleciano, por volta do ano 303 da era cristã. Segundo a tradição, ela era uma jovem de beleza singular, nobre, rica e virtuosa. Seu pai falecera e sua mãe cuidava para que nada lhe faltasse, a fim de que tivesse um futuro seguro e feliz no casamento.

Por sua vez, Luzia se preocupava com a mãe, cuja saúde era frágil e se agravava a cada dia devido a uma doença incurável. Convenceu a mãe a acompanhá-la numa peregrinação ao túmulo de Santa Águeda, em Catânia, onde ficou curada. Ao suplicar a cura da mãe, ela teve uma visão de Santa Águeda, que lhe disse: "Ó Luzia, por que me pedes o que tu mesma podes proporcionar à tua mãe? Pois eis que tua fé a socorreu e ela está curada". Na mesma visão, Santa Águeda revelou-lhe que sofreria o martírio e que seria venerada por todos os habitantes de Siracusa.

Leitura bíblica

"Eles eram perseverantes em ouvir o ensinamento dos apóstolos, na comunhão fraterna, na fração do pão e nas orações. Todos os que abraçavam a fé viviam unidos e possuíam tudo em comum; vendiam suas propriedades e seus bens e repartiam o dinheiro entre todos, conforme a necessidade de cada um" (At 2,42.44-45).

Oração final

Ó Santa Luzia, que preferistes deixar que vossos olhos fossem vazados e arrancados antes de negar a fé; e Deus, com um extraordinário milagre, a vós devolveu outros dois olhos sãos e perfeitos para recompensar vossa virtude e vossa fé e vos constituiu protetora contra as doenças dos olhos; eu recorro a vós para que protejais minhas vistas e cureis a doença de meus olhos *(fazer o pedido)*. Ó Santa Luzia, conservai a luz dos meus olhos para que eu possa ver as belezas da Criação, o brilho do sol, o colorido das flores, o sorriso das crianças. Conservai também os olhos de minha fé, pela qual eu posso conhecer o meu Deus, compreender seus ensinamentos e reconhecer seu amor para comigo. Santa Luzia, protegei meus olhos e conservai minha fé. Amém.

Pai-Nosso, Ave-Maria, Glória-ao-Pai.

QUARTO DIA

Santa Luzia: Jesus, um segredo de amor

Oração

Ó Santa Luzia, virgem e mártir, guardastes no coração um segredo de amor: o nome de Jesus, ao qual, desde menina, consagrastes vossa vida. Vós que não tivestes medo de ser cristã em um mundo adverso, dai-nos a graça de fazer de nossa vida um dom generoso ao próximo, procurando servi-lo com alegria e desprendimento, pois assim estamos participando da construção do Reino de Deus. Intercedei por nós junto ao Senhor, para que nossa fé seja fortalecida e nossos medos sejam dissipados à luz de seu amor infinito por nós. Amém. *(Momento de silêncio para colocar as intenções pessoais, familiares e comunitárias.)*

Conhecendo santa Luzia

A cura milagrosa de sua mãe fez o coração de Santa Luzia transbordar em ações de graças a Deus, que, por seu intermédio, "olhara" com misericórdia para elas. Santa Luzia revelou, então, que havia consagrado sua vida a Deus e desejava vender tudo o que tinha para distribuir aos necessitados, como haviam feito os primeiros cristãos.

Em vão a mãe tentou dissuadi-la, falando-lhe dos perigos da perseguição aos cristãos e dos riscos que corriam suas vidas. Amadurecida na fé, ela já havia decidido lucidamente se arriscar e "perder" sua vida por Jesus, seu verdadeiro noivo e esposo espiritual, luz de sua vida. Vendeu tudo o que tinha e distribuiu aos pobres, passando a viver na simplicidade de coração e no humilde serviço aos irmãos.

Segundo o códice grego de Papadópulo (século V), o noivo, ao saber que mãe e filha haviam vendido os bens em benefício dos pobres, ficou furioso e a denunciou como cristã, arrastando-a ao tribunal.

Leitura bíblica

"Quem nos separará do amor de Cristo? Tribulação, angústia, perseguição, fome, nudez, perigo, espada? Pois está escrito: 'Por tua causa somos entregues à morte, o dia todo; fomos tidos como ovelhas destinadas ao matadouro'" (Rm 8,35-36).

Oração final

Ó Santa Luzia, que preferistes deixar que vossos olhos fossem vazados e arrancados antes de negar a fé; e Deus, com um extraordinário milagre, a vós devolveu outros dois olhos sãos e perfeitos para recompensar vossa virtude e vossa fé e vos constituiu protetora contra as doenças dos olhos; eu recorro a vós para que protejais minhas vistas e cureis a doença de meus olhos *(fazer o pedido)*. Ó Santa Luzia, conservai a luz dos meus olhos para que eu possa ver as belezas da Criação, o brilho do sol, o colorido das flores, o sorriso das crianças. Conservai também os olhos de minha fé, pela qual eu posso conhecer o meu Deus, compreender seus ensinamentos e reconhecer seu amor para comigo. Santa Luzia, protegei meus olhos e conservai minha fé. Amém.

Pai-Nosso, Ave-Maria, Glória-ao-Pai.

QUINTO DIA

Santa Luzia: forte e serena na fé

Oração

Ó Santa Luzia, fostes serena e forte na fé e sem medo caminhastes na luz da verdade e da justiça. Vós que testemunhastes com o sacrifício da própria vida que o Evangelho tem o poder de nos fazer "enxergar" uma nova realidade, intercedei a Deus por nós, para que possamos "enxergar" o que realmente é essencial em nossa vida: ir ao encontro das necessidades dos nossos irmãos e irmãs. Ajudai-nos a ser conscientes e esclarecidos na fé, e que compreendamos que Deus é a fonte de todo bem e felicidade. Amém. *(Momento de silêncio para colocar as intenções pessoais, familiares e comunitárias.)*

Conhecendo Santa Luzia

Santa Luzia foi presa e levada diante de Pascácio, prefeito de Siracusa. Foi submetida a um intenso interrogatório e motivada a não abandonar o seu nobre pretendente para seguir os cristãos, que eram chamados de infames por repudiarem as divindades romanas. Ela corajosamente dizia que o sacrifício puro e agradável a Deus era socorrer os órfãos, as viúvas e os pobres, o que já vinha fazendo havia três anos.

Ofereceu-se a Deus, pedindo-lhe que fizesse o que desejasse de sua vida, pois estava pronta para se entregar, sofrer humilhações e martírio. Tinha a certeza de que viveria em Deus para sempre.

Leitura bíblica

"Mas, em tudo isso, somos mais que vencedores, graças àquele que nos amou. Tenho certeza de que nem a morte, nem a vida, nem os anjos, nem os principados, nem o presente, nem o futuro, nem as potências, nem a altura, nem a profundeza, nem outra criatura qualquer será capaz de nos separar do amor de Deus, que está no Cristo Jesus, nosso Senhor" (Rm 8,37-39).

Oração final

Ó Santa Luzia, que preferistes deixar que vossos olhos fossem vazados e arrancados antes de negar a fé; e Deus, com um extraordinário milagre, a vós devolveu outros dois olhos sãos e perfeitos para recompensar vossa virtude e vossa fé e vos constituiu protetora contra as doenças dos olhos; eu recorro a vós para que protejais minhas vistas e cureis a doença de meus olhos *(fazer o pedido)*. Ó Santa Luzia, conservai a luz dos meus olhos para que eu possa ver as belezas da Criação, o brilho do sol, o colorido das flores, o sorriso das crianças. Conservai também os olhos de minha fé, pela qual eu posso conhecer o meu Deus, compreender seus ensinamentos e reconhecer seu amor para comigo. Santa Luzia, protegei meus olhos e conservai minha fé. Amém.

Pai-Nosso, Ave-Maria, Glória-ao-Pai.

SEXTO DIA

Santa Luzia: templo vivo de Deus

Oração

Ó Santa Luzia, vós que fostes o templo vivo de Deus neste mundo, dai-nos a compreensão cada vez mais profunda de que nosso coração e nossa consciência são lugares sagrados da morada do Espírito Santo, de onde procede toda luz para nossa vida. Ó Santa Luzia, vós que recusastes obedecer aos que vos ameaçavam em vossa dignidade de mulher e de serva de Deus, dai-nos a graça de escutar, em nosso íntimo, a voz do Espírito que clama "Pai!", e assim, fortalecidos pela presença de Jesus em nós, possamos caminhar na retidão, guardando a decência e a dignidade de filhos de Deus. *(Momento de silêncio para colocar as intenções pessoais, familiares e comunitárias.)*

Conhecendo Santa Luzia

Pascácio pôs-se a zombar das palavras da jovem Luzia, que para ele soavam como ridículas tolices cristãs a fazer rir o orgulho romano, cuja força e poder dominavam o mundo, agora desafiado pelos obstinados seguidores de Cristo, que "encaravam" os imperadores e ousavam desobedecê-los.

O interrogatório continuou implacável, e a cada acusação a jovem Luzia respondia com palavras que o Espírito lhe punha na boca, gerando confusão entre seus inquisidores. Pascácio, impressionado com a sabedoria que ela proclamava, vivamente perguntou se, por acaso, ela seria "um deus". Ela então respondeu que era uma simples serva de Deus e que o Espírito Santo do Pai falava nela, conforme estava escrito nos livros sagrados, referindo-se a

Mateus (10,19): "Quando vos entregarem, não vos preocupeis em como ou o que falar. Naquele momento vos será dado o que falar, pois não sereis vós que falareis, mas o Espírito do vosso Pai falará em vós".

Leitura bíblica

"Vós sois a luz do mundo. Uma cidade construída sobre a montanha não fica escondida. Não se acende uma lâmpada para colocá-la debaixo de uma caixa, mas sim no candelabro, onde brilha para todos os que estão em casa. Assim também brilhe a vossa luz diante das pessoas, para que vejam as vossas boas obras e louvem o vosso Pai que está nos céus" (Mt 5,14-16).

Oração final

Ó Santa Luzia, que preferistes deixar que vossos olhos fossem vazados e arrancados antes de negar a fé; e Deus, com um extraordinário milagre, a vós devolveu outros dois olhos sãos e perfeitos para recompensar vossa virtude e vossa fé e vos constituiu protetora contra as doenças dos olhos; eu recorro a vós para que protejais minhas vistas e cureis a doença de meus olhos *(fazer o pedido)*. Ó Santa Luzia, conservai a luz dos meus olhos para que eu possa ver as belezas da Criação, o brilho do sol, o colorido das flores, o sorriso das crianças. Conservai também os olhos de minha fé, pela qual eu posso conhecer o meu Deus, compreender seus ensinamentos e reconhecer seu amor para comigo. Santa Luzia, protegei meus olhos e conservai minha fé. Amém.

Pai-Nosso, Ave-Maria, Glória-ao-Pai.

SÉTIMO DIA

Santa Luzia: fé, a luz da vida

Oração

Ó Santa Luzia, vós que escolhestes seguir Jesus, manso e humilde de coração, e a ele entregastes vossa vida em favor dos pobres e necessitados, intercedei junto a Deus por nós, para que ele nos conduza à pureza de coração, à integridade de vida e ao respeito incondicional às pessoas e às coisas. Ó Santa Luzia, vós que repousastes nos braços de Jesus e nada vos pode abalar, alcançai-nos de Deus a graça de uma grande serenidade interior diante das dificuldades pessoais e familiares. Que sejamos fortes para viver de modo justo, digno, verdadeiro, irrepreensível diante de Deus e do próximo. *(Momento de silêncio para colocar as intenções pessoais, familiares e comunitárias.)*

Conhecendo Santa Luzia

Segundo o relato de sua "paixão", Luzia foi declarada inimiga dos deuses e, pela desobediência às leis do imperador e seus césares, merecedora de castigos e da morte. Pascácio ordenou que a levassem ao prostíbulo, para que seu corpo fosse profanado. Ela, porém, disse que o corpo fica manchado somente quando há consentimento e que Deus julga a consciência e os corações... Os soldados de tudo fizeram para arrastá-la ao prostíbulo, mas seu corpo tornara-se pesado como um enorme rochedo que nem a força conjunta de homens, bois e cavalos, nem os artifícios dos magos e sacerdotes conseguiram movê-lo.

Inconformados e confusos com a serenidade da jovem Luzia, resolveram lançá-la à fogueira. Encharcaram suas roupas e seus cabelos com azeite, betume e resina e atearam fogo, mas ela se concentrou em Deus e as chamas não a atingiram. Aos gritos de "morram os ateus!", "abaixo a feiticeira!", condenaram-na ao fio da espada. A jovem Luzia, com esse testemunho, mostrava o que a viúva Santa Felicidade (século II) dissera ao algoz, no dia de seu martírio: "Viva, eu te vencerei; e se me matas, em minha própria morte vencer-te-ei ainda mais".

Antes de morrer, contam as atas de seu martírio, Santa Luzia profetizou a queda de Diocleciano e seus césares e a vitória final do Evangelho: "Ouvi, eis que vos anuncio a paz à Igreja de Deus. Diocleciano e Maximiano cairão. E como Santa Águeda é venerada em Catânia, assim também, pela graça de Deus, serei venerada em Siracusa".

Leitura bíblica

"Vós todos sois filhos da luz e filhos do dia. Não somos da noite nem das trevas"

(1Ts 5,5). "Procedei como filhos da luz. E o fruto da luz é toda espécie de bondade e de justiça e de verdade. Discerni o que agrada ao Senhor e não tomeis parte nas obras estéreis das trevas, mas, pelo contrário, denunciai-as" (Ef 5,9-11).

Oração final

Ó Santa Luzia, que preferistes deixar que vossos olhos fossem vazados e arrancados antes de negar a fé; e Deus, com um extraordinário milagre, a vós devolveu outros dois olhos sãos e perfeitos para recompensar vossa virtude e vossa fé e vos constituiu protetora contra as doenças dos olhos; eu recorro a vós para que protejais minhas vistas e cureis a doença de meus olhos *(fazer o pedido)*. Ó Santa Luzia, conservai a luz dos meus olhos para que eu possa ver as belezas da Criação, o brilho do sol, o colorido das flores, o sorriso das crianças. Conservai também os olhos de minha fé, pela qual eu posso conhecer o meu Deus, compreender seus ensinamentos e reconhecer seu amor para comigo. Santa Luzia, protegei meus olhos e conservai minha fé. Amém.

Pai-Nosso, Ave-Maria, Glória-ao-Pai.

OITAVO DIA

Santa Luzia: o Senhor abate os poderosos e exalta os humildes

Oração

Ó Santa Luzia, fazei com que guardemos, até o último instante de nossa vida, o tesouro admirável da fé, que nos faz caminhar como se víssemos o invisível, o Deus Todo-Poderoso, que abate os poderosos e exalta os humildes. Que ele, na sua infinita bondade, ilumine nossos passos com sua luz e nos dê o discernimento necessário para lermos os sinais dos tempos e percebermos a ação divina em nossa vida e na história humana. Vós que vos deixastes conduzir pelo Espírito de Deus, dai-nos a graça de confiar a ele nossa vida, com seus anseios e necessidades. Amém.

(Momento de silêncio para colocar as intenções pessoais, familiares e comunitárias.)

Conhecendo Santa Luzia

No ano 305 d.C., Diocleciano abdicou e Galério o sucedeu, escolhendo Maximiano Daia como césar. A perseguição aos cristãos ainda continuou por algum tempo, mas o triunfo do Evangelho era iminente. Quando Galério estava no leito de morte, promulgou, em 30 de abril de 311, o famoso edito de tolerância aos cristãos, que lhes dava a concessão de se reunir em assembleias, desde que não atentassem contra a ordem pública. Entre outras coisas, dizia o edito: "Em troca dessa tolerância nossa, os cristãos terão a obrigação de rogar a seu deus pelo nosso bem-estar, pelo bem público e por eles mesmos, a fim de que a república goze de prosperidade e eles possam viver tranquilos".

A partir dessa data foram abertos os cárceres, e dali saíram muitas pessoas aleijadas e maltratadas, mas alegres, pois sabiam que sua resistência vinha de Deus. Entretanto, o que definitivamente pôs fim às perseguições foi o edito de Milão, promulgado por Constantino, filho de Santa Helena, em 313. Ele marchou com seu exército empunhando um estandarte cristão com as palavras: "Neste sinal vencerás!". Era o início de uma nova fase na história da Igreja e da civilização ocidental.

Leitura bíblica

"Quem me segue não caminha nas trevas, mas terá a luz da vida" (Jo 8,12b). "'Enquanto estou no mundo, sou a luz do mundo'. Dito isso, cuspiu no chão, fez lama com a saliva e aplicou-a nos olhos do cego. Disse-lhe então: 'Vai lavar-te na piscina de Siloé'. O cego foi, lavou-se e voltou enxergando" (Jo 9,5-7).

Oração final

Ó Santa Luzia, que preferistes deixar que vossos olhos fossem vazados e arrancados antes de negar a fé; e Deus, com um extraordinário milagre, a vós devolveu outros dois olhos sãos e perfeitos para recompensar vossa virtude e vossa fé e vos constituiu protetora contra as doenças dos olhos; eu recorro a vós para que protejais minhas vistas e cureis a doença de meus olhos *(fazer o pedido)*. Ó Santa Luzia, conservai a luz dos meus olhos para que eu possa ver as belezas da Criação, o brilho do sol, o colorido das flores, o sorriso das crianças. Conservai também os olhos de minha fé, pela qual eu posso conhecer o meu Deus, compreender seus ensinamentos e reconhecer seu amor para comigo. Santa Luzia, protegei meus olhos e conservai minha fé. Amém.

Pai-Nosso, Ave-Maria, Glória-ao-Pai.

NONO DIA

Santa Luzia: protetora dos olhos

Oração

Ó Santa Luzia, vós que sois o símbolo da luz interior, fazei com que jamais percamos a luz mais preciosa de nossa vida que é a fé em Jesus Cristo, luz que ilumina o mundo. Vós, que sempre caminhastes na luz de Deus, afugentai de nós a cegueira do orgulho, do ódio, da vingança, da falta de respeito, da falta de perdão e de compaixão, e de tudo o que nos impede de "ver" no outro a imagem e semelhança de Deus. Que o nosso olhar seja luminoso, sereno, vibrante de entusiasmo, cheio de verdade, ternura e acolhimento, capaz de ver o lado bonito das coisas e das pessoas. Amém. *(Momento de silêncio para colocar as intenções pessoais, familiares e comunitárias.)*

Conhecendo Santa Luzia

Segundo uma lenda do final da Idade Média, o pretendente de Santa Luzia havia ficado fascinado pela beleza e brilho de seus olhos. Então ela os arrancou e os ofertou a ele. Entretanto, para espanto de todos, seus olhos se restabeleceram milagrosamente, ainda mais formosos que antes. Daí ela ser representada trazendo os olhos em uma bandeja.

O túmulo de Santa Luzia logo se tornou lugar de peregrinação, para onde as pessoas acorriam a fim de venerá-la e pedir sua proteção. Sobre seu sepulcro foi erguida uma igreja, e desde o século IV ela já era venerada entre as mais ilustres virgens e os mártires da Igreja. A inscrição encontrada no cemitério de São João, em Siracusa, e a inserção de seu nome no cânon da missa, tanto em Roma como em Milão, conferem-lhe lugar importante na história da Igreja e uma missão: ser uma luz nos caminhos escuros da humanidade.

Leitura bíblica

"A lâmpada que ilumina o corpo é o olho. Se teu olho for simples, ficarás todo cheio de luz; mas se teu olho for ruim, ficarás todo em trevas! Se então teu corpo estiver todo cheio de luz, sem traço algum de escuridão, ficarás totalmente iluminado, como acontece quando a lâmpada te ilumina com seu clarão" (Lc 11,34.36).

Oração final

Ó Santa Luzia, que preferistes deixar que vossos olhos fossem vazados e arrancados antes de negar a fé; e Deus, com um extraordinário milagre, a vós devolveu outros dois olhos sãos e perfeitos para recompensar vossa virtude e vossa fé e vos constituiu protetora contra as doenças dos olhos; eu recorro a vós para que protejais minhas vistas e cureis a doença de meus olhos *(fazer o pedido).* Ó Santa Luzia, conservai a luz dos meus olhos para que eu possa ver as belezas da Criação, o brilho do sol, o colorido das flores, o sorriso das crianças. Conservai também os olhos de minha fé, pela qual eu posso conhecer o meu Deus, compreender seus ensinamentos e reconhecer seu amor para comigo. Santa Luzia, protegei meus olhos e conservai minha fé. Amém.

Pai-Nosso, Ave-Maria, Glória-ao-Pai.

NOSSAS DEVOÇÕES

(Origem das novenas)

De onde vem a prática católica das novenas? Entre outras, podemos dar duas respostas: uma histórica, outra alegórica.

Historicamente, na Bíblia, no início do livro dos Atos dos Apóstolos, lê-se que, passados quarenta dias de sua morte na Cruz e de sua ressurreição, Jesus subiu aos céus, prometendo aos discípulos que enviaria o Espírito Santo, que lhes foi comunicado no dia de Pentecostes.

Entre a ascensão de Jesus ao céu e a descida do Espírito Santo, passaram-se nove dias. A comunidade cristã ficou reunida em torno de Maria, de algumas mulheres e dos apóstolos. Foi a primeira novena cristã. Hoje, ainda a repetimos todos os anos, orando, de modo especial, pela unidade dos cristãos. É o padrão de todas as outras novenas.

A novena é uma série de nove dias seguidos em que louvamos a Deus por suas maravilhas, em particular, pelos santos, por cuja intercessão nos são distribuídos tantos dons.

Alegoricamente, a novena é antes de tudo um ato de louvor ao Pai, ao Filho e ao Espírito Santo, Deus três vezes Santo. Três é número perfeito. Três vezes três, nove. A novena é louvor perfeito à Trindade. A prática de nove dias de oração, louvor e súplica confirma de maneira extraordinária nossa fé em Deus que nos salva, por intermédio de Jesus, de Maria e dos santos.

O Concílio Vaticano II afirma: "Assim como a comunhão cristã entre os que caminham na terra nos aproxima mais de Cristo, também o convívio com os santos nos une a Cristo, fonte e cabeça de que provêm todas as graças e a própria vida do povo de Deus" (*Lumen Gentium*, 50).

Nossas Devoções procura alimentar o convívio com Jesus, Maria e os santos, para nos tornarmos cada dia mais próximos de Cristo, que nos enriquece com os dons do Espírito e com todas as graças de que necessitamos.

Francisco Catão

Coleção Nossas Devoções

- *Dulce dos Pobres: novena e biografia* – Marina Mendonça
- *Francisco de Paula Victor: história e novena* – Aparecida Matilde Alves
- *Frei Galvão: novena e história* – Pe. Paulo Saraiva
- *Imaculada Conceição* – Francisco Catão
- *Jesus, Senhor da vida: dezoito orações de cura* – Francisco Catão
- *João Paulo II: novena, história e orações* – Aparecida Matilde Alves
- *João XXIII: biografia e novena* – Marina Mendonça
- *Maria, Mãe de Jesus e Mãe da Humanidade: novena e coroação de Nossa Senhora* – Aparecida Matilde Alves
- *Menino Jesus de Praga: história e novena* – Giovanni Marques Santos
- *Nhá Chica: Bem-aventurada Francisca de Paula de Jesus* – Aparecida Matilde Alves
- *Nossa Senhora Aparecida: história e novena* – Maria Belém
- *Nossa Senhora da Cabeça: história e novena* – Mario Basacchi
- *Nossa Senhora da Luz: novena e história* – Maria Belém
- *Nossa Senhora da Penha: novena e história* – Maria Belém
- *Nossa Senhora da Salete: história e novena* – Aparecida Matilde Alves
- *Nossa Senhora das Graças ou Medalha Milagrosa: novena e origem da devoção* – Mario Basacchi
- *Nossa Senhora de Caravaggio: história e novena* – Leomar A. Brustolin e Volmir Comparin
- *Nossa Senhora de Fátima: novena* – Tarcila Tommasi
- *Nossa Senhora de Guadalupe: novena e história das aparições a São Juan Diego* – Maria Belém
- *Nossa Senhora de Nazaré: novena e história* – Maria Belém
- *Nossa Senhora Desatadora dos Nós: história e novena* – Frei Zeca
- *Nossa Senhora do Bom Parto: novena e reflexões bíblicas* – Mario Basacchi
- *Nossa Senhora do Carmo: novena e história* – Maria Belém
- *Nossa Senhora do Desterro: história e novena* – Celina Helena Weschenfelder
- *Nossa Senhora do Perpétuo Socorro: história e novena* – Mario Basacchi
- *Nossa Senhora Rainha da Paz: história e novena* – Celina Helena Weschenfelder
- *Novena à Divina Misericórdia* – Tarcila Tommasi

- *Novena das Rosas: história e novena de Santa Teresinha do Menino Jesus* – Aparecida Matilde Alves
- *Novena em honra ao Senhor Bom Jesus* – José Ricardo Zonta
- *Ofício da Imaculada Conceição: orações, hinos e reflexões* – Cristóvão Dworak
- *Orações do cristão: preces diárias* – Celina Helena Weschenfelder
- *Os Anjos de Deus: novena* – Francisco Catão
- *Padre Pio: novena e história* – Maria Belém
- *Paulo, homem de Deus: novena de São Paulo Apóstolo* – Francisco Catão
- *Reunidos pela força do Espírito Santo: novena de Pentecostes* – Tarcila Tommasi
- *Rosário dos enfermos* – Aparecida Matilde Alves
- *Rosário por uma transformação espiritual e psicológica* – Gustavo E. Jamut
- *Sagrada Face: história, novena e devocionário* – Giovanni Marques Santos
- *Sagrada Família: novena* – Pe. Paulo Saraiva
- *Sant'Ana: novena e história* – Maria Belém
- *Santa Cecília: novena e história* – Frei Zeca
- *Santa Edwiges: novena e biografia* – J. Alves
- *Santa Filomena: história e novena* – Mario Basacchi
- *Santa Gemma Galgani: história e novena* – José Ricardo Zonta
- *Santa Joana d'Arc: novena e biografia* – Francisco de Castro
- *Santa Luzia: novena e biografia* – J. Alves
- *Santa Maria Goretti: história e novena* – José Ricardo Zonta
- *Santa Paulina: novena e biografia* – J. Alves
- *Santa Rita de Cássia: novena e biografia* – J. Alves
- *Santa Teresa de Calcutá: biografia e novena* – Celina Helena Weschenfelder
- *Santa Teresinha do Menino: novena e biografia* – Jesus Mario Basacchi
- *Santo Afonso de Ligório: novena e biografia* – Mario Basacchi
- *Santo Antônio: novena, trezena e responsório* – Mario Basacchi
- *Santo Expedito: novena e dados biográficos* – Francisco Catão
- *Santo Onofre: história e novena* – Tarcila Tommasi
- *São Benedito: novena e biografia* – J. Alves

- *São Bento: história e novena* – Francisco Catão
- *São Brás: história e novena* – Celina Helena Weschenfelder
- *São Cosme e São Damião: biografia e novena* – Mario Basacchi
- *São Cristóvão: história e novena* – Mário José Neto
- *São Francisco de Assis: novena e biografia* – Mario Basacchi
- *São Francisco Xavier: novena e biografia* – Gabriel Guarnieri
- *São Geraldo Majela: novena e biografia* – J. Alves
- *São Guido Maria Conforti: novena e biografia* – Gabriel Guarnieri
- *São José: história e novena* – Aparecida Matilde Alves
- *São Judas Tadeu: história e novena* – Maria Belém
- *São Marcelino Champagnat: novena e biografia* – Ir. Egídio Luiz Setti
- *São Miguel Arcanjo: novena* – Francisco Catão
- *São Pedro, Apóstolo: novena e biografia* – Maria Belém
- *São Peregrino Laziosi* – Tarcila Tommasi
- *São Roque: novena e biografia* – Roseane Gomes Barbosa
- *São Sebastião: novena e biografia* – Mario Basacchi
- *São Tarcísio: novena e biografia* – Frei Zeca
- *São Vito, mártir: história e novena* – Mario Basacchi
- *Senhora da Piedade: setenário das dores de Maria* – Aparecida Matilde Alves
- *Tiago Alberione: novena e biografia* – Maria Belém